TRIBUNAL DE COMMERCE D'AVIGNON

RAPPORT SUR LE PROJET DE LOI

CONCERNANT LES

MARQUES DE FABRIQUE

ou de Commerce

LE NOM COMMERCIAL & LE LIEU DE PROVENANCE

IMPRIMERIE GROS

(ADMINISTRATIVE ET COMMERCIALE BREVETÉE)

18, Rue Victor Hugo, 18, AVIGNON.

RAPPORT SUR LE PROJET DE LOI

CONCERNANT LES

MARQUES DE FABRIQUE

ou de Commerce

LE NOM COMMERCIAL & LE LIEU DE PROVENANCE

IMPRIMERIE GROS

(ADMINISTRATIVE ET COMMERCIALE BREVETÉE)

18, Rue Victor Hugo, 18, AVIGNON.

RAPPORT SUR LE PROJET DE LOI

CONCERNANT

LES MARQUES DE FABRIQUE OU DE COMMERCE

LE NOM COMMERCIAL ET LE LIEU DE PROVENANCE

Séance du 12 Juin 1888

Présents : MM. Amédée VALABRÈGUE, président; Gabriel RUAT, juge ; Gustave NAQUET, Frédéric JOUBERT, Urbain BARRY, Philippe GAUZY, juges-suppléants.

M. le Président rappelle qu'à la suite de la délibération du 4 courant, l'un des membres du Tribunal a été chargé de résumer la discussion qui avait eu lieu sur le Projet de Loi concernant les Marques de Fabrique ou de Commerce, le Nom Commercial, le Lieu de Provenance, sur lequel M. le Ministre du Commerce et de l'Industrie a demandé l'avis des différents corps commerciaux élus.

M. Gabriel RUAT, se conformant au mandat qui lui

avait été donné par le Tribunal, procède à la lecture
du Rapport suivant :

Messieurs,

M. le Ministre du Commerce et de l'Industrie, par sa circu-
laire en date du 28 Mars dernier, adressée à tous les corps
intéressés, a demandé notre avis sur les dispositions nouvelles
introduites dans le Projet de Loi, présenté au Sénat en
Décembre 1887, concernant les Marques de Fabrique ou de
Commerce, le Nom Commercial, le Lieu de Provenance.

Le Projet qui vous est soumis a pour but la modification
de la loi du 23 Juin 1857 sur les Marques de Fabrique. M. le
Ministre a soin d'appeler spécialement votre attention sur les
articles 4 et 13 du Projet : l'art. 4 crée un seul dépôt central
à Paris et supprime le dépôt dans les Tribunaux de Commerce ;
l'art. 13 soumet à une déclaration préalable à faire au Dépôt
central le Nom commercial et la Raison de commerce.

Nous reviendrons en temps et lieu sur ces deux articles,
qui représentent les principales modifications apportées à la
loi actuelle ; mais, avant tout, procédons par ordre :

TITRE Iᵉʳ

Article Premier. — La proposition de loi crée une innovation : elle impose, au négociant, marchand ou commis-
sionnaire, qui applique une Marque sur les produits qu'il
achète pour revendre, l'obligation d'accompagner cette
Marque de la mention M de C (Marque de Commerce) ; la
nouvelle loi veut donc consacrer, en le réglementant, ce que
depuis un siècle toutes les lois qui se sont succédées ont
établi, à savoir : le principe de la dualité de Marques.

La loi du 23 Juin 1857 ne fait aucune distinction entre les Marques de Commerce et les Marques de Fabrique ; il en résulte, qu'en l'état, de nombreux négociants offrent et vendent à la consommation, comme provenant de leur fabrication, ce qui est matériellement inexact, des produits qu'ils ont achetés assez souvent à l'étranger et sur lesquels ils se contentent d'appliquer leur Marque.

La distinction que l'art. 1er veut établir entre la Marque de Fabrique et la Marque de Commerce, combinée avec l'obligation imposée par l'art. 23 d'apposer d'une façon apparente le mot « *Importé* », sur les produits étrangers entrant en France sous le couvert d'une Marque française, nous paraît fort sage et nous vous proposons de l'approuver, mais avec la réserve que la mention Marque de Commerce devra toujours être écrite en *toutes lettres* ; si l'on imposait seulement les initiales M de C il y aurait sûrement à craindre qu'insensiblement ces initiales deviennent fort difficiles sinon impossibles à constater.

Nous ne pensons pas qu'il soit utile d'imposer aux fabricants la même obligation ; ils ont, les premiers, le plus grand intérêt à bien faire connaître au consommateur qu'ils sont réellement producteurs.

Par conséquent, l'obligation pour le négociant d'ajouter à sa Marque la mention « *Marque de Commerce* » comble dans la loi une lacune, c'est une garantie donnée aux fabricants-producteurs ; mais pour qu'elle soit efficace il faut que la mention « *Marque de Commerce* » soit, *en toutes circonstances*, inscrite en toutes lettres, malgré les difficultés pratiques que l'on peut rencontrer. A notre avis, elles ne peuvent être en aucune façon insurmontables, et, dans tous les cas, elles doivent s'effacer devant la nécessité de distinguer entre le fabricant et le négociant-revendeur mais non producteur.

TITRE II

Aʀᴛ 4. — L'article 4 du Projet, crée *un seul dépôt central* et supprime par conséquent le dépôt au Tribunal du domicile du déposant.

Pour répondre à l'invitation ministérielle du 28 mars dernier, examinons les modifications radicales proposées par ledit article :

La loi du 23 Juin 1857, qu'il s'agit de réviser, ordonne présentement pour le dépôt des Marques, les formalités suivantes conformément au Règlement d'Administration publique du 26 Juillet 1858.

Le dépôt doit être fait, en deux exemplaires, au greffe du Tribunal de Commerce du domicile du déposant, ou à défaut au greffe du Tribunal Civil, par la partie intéressée ou son fondé de pouvoir spécial.

Un des deux exemplaires est collé dans l'ordre des présentations sur une des feuilles du registre-album déposé à cet effet, l'autre est adressé dans les cinq jours au Ministre du Commerce pour être vérifié, et ensuite transmis au *Dépôt central du Conservatoire des Arts et Métiers.*

Le Greffier dresse le procès-verbal du dépôt, dans l'ordre des présentations sur un registre timbré, côté et paraphé par le Président : Ce procès-verbal qui porte un numéro d'ordre correspondant à celui du registre-album mentionné ci-dessus, indique le jour et l'heure du dépôt, les noms et prénoms du propriétaire de la Marque, ou celui de son fondé de pouvoir, la profession du propriétaire, son domicile et le genre d'industrie pour lequel il a l'intention de se servir de la Marque ; en outre, ledit procès-verbal est signé par le déposant et le greffier, et soumis ensuite à la formalité de l'enregistrement ; une expédition est délivrée au déposant.

Enfin, et comme complément à ces formalités, un répertoire alphabétique tenu sur papier libre, permet de rechercher rapidement et de constater si une Marque a été déposée, à quelle nature de produits elle est affectée, le nom et le domicile de son propriétaire et la date de son dépôt.

Ces détails sur la procédure telle qu'elle se pratique en ce moment, étaient nécessaires pour en faire ressortir les avantages, ils peuvent sans conteste soutenir la comparaison avec le Projet en discussion qui supprime le dépôt au greffe du Tribunal du domicile du déposant, pour, en le compliquant, ne laisser subsister qu'un seul dépôt central à Paris, qui existe déjà.

La suppression du dépôt en province soulèvera, nous en sommes persuadés, de nombreuses et légitimes protestations.

L'exposé que nous venons de faire pour les formalités concernant le dépôt, permet de constater leur simplicité, et, combien elles sont préférables à celles qu'entraînerait l'installation d'un seul dépôt central à Paris.

Il serait, en effet, bien plus difficile pour les déposants de s'entendre par correspondance avec un fonctionnaire ou des agences résidant à Paris, que verbalement avec le greffier du Tribunal de leur domicile.

Pour les communications faites en province du registre des dépôts et de la délivrance, aujourd'hui si rapide et si peu coûteuse, des certificats nécessaires en maintes occasions, les inconvénients seraient encore bien plus graves.

Il ne faut pas perdre de vue que la plupart de nos industries sont régionales et souvent même locales ; comme conséquence, les étrangers à la région, et en règle générale tous ceux qui veulent adopter une Marque, ont tout intérêt à pouvoir faire sur place les recherches indispensables ; si le Dépôt Central existait seul, ils seraient obligés de se procurer tous ces renseignements par correspondance, ou de faire le voyage de Paris, ce qui serait toujours fort long, très-difficile et pour le dernier cas, excessivement coûteux.

Enfin les Tribunaux saisis des actions relatives à ces matières, n'auraient plus à leur disposition les éléments de recherches et de vérifications auxquels ils sont souvent obligés d'avoir recours.

La suppression du Dépôt en province est le résultat d'un esprit de centralisation excessif et fort regrettable ; cette importante modification à la loi actuelle ne presente que des inconvénients, et, les auteurs de la proposition n'ont fait ressortir aucun avantage en faveur de leur projet d'un seul Dépôt Central ; qu'il nous soit permis d'insister tout particulièrement sur ce point. *Le Dépôt Central existe au Conservatoire des Arts et Métiers,* il y fonctionne régulièrement sous le contrôle du Ministre du Commerce et de l'Industrie.

La mesure projetée ne se justifie pas, elle est au contraire *sans objet.*

Si l'on veut prétendre que les greffiers ne transmettent pas exactement au Ministre, les duplicata destinés au Dépôt Central du Conservatoire des Arts et Métiers, nous répondrons qu'une pareille allégation ne supporte pas l'examen, tous ceux qui connaissent les détails de la procédure actuelle et leur concordance absolue, seront certainement de notre avis.

Dans l'ordre d'idées ci-dessus, incontestablement, les articles 5 et 6 du même titre, qui se rattachent au précédent article, doivent être laissés provisoirement de côté, et devront être modifiés ultérieurement pour être mis en harmonie avec le nouveau texte à proposer.

TITRE III

Pas d'observations et approbation d'ensemble.

TITRE IV

Dans ce titre se trouve l'article 13, principalement signalé à votre attention par M. le Ministre du Commerce ; cet article qui oblige à faire au Dépôt Central *à organiser* la déclaration du Nom commercial et la Raison de commerce, comporte des objections absolument analogues à celles que fait naître l'article 4.

Les inconvénients signalés pour le dépôt des Marques au Dépôt Central, s'aggraveraient encore pour cette déclaration ; aussi sommes-nous d'avis qu'elle doit être faite au greffe du Tribunal de Commerce, et mise ainsi à la portée des intéressés.

Nous devons cependant reconnaître que le titre IV régit, ce qui n'avait pas été fait jusqu'à ce jour, la propriété du Nom commercial ou la Raison de commerce, c'est-à-dire la dénomination spéciale sous laquelle est exploité un établissement industriel, commercial, même agricole ou forestier ;

Il serait toutefois désirable, et nous dirons même nécessaire, que la loi nouvelle ne puisse donner prise à aucune fausse interprétation, en indiquant, par une rédaction très claire que la Raison de commerce est absolument distincte de la Raison sociale, ceci en vue des Sociétés en nom collectif, dans lesquelles il est bon de le rappeler, la Raison de commerce est une propriété qui, lorsqu'elle est cédée se transmet aux acquéreurs de l'établissement industriel ou commercial, quels qu'ils soient, tandis que la raison sociale doit se modifier avec le changement de ceux qui l'exploitent.

TITRES V & VI

Les dispositions proposées, nous l'espérons, protègeront les Industriels Français contre les fraudes tendant à faire passer comme Produits Français, ceux fabriqués à l'Etranger et mis en vente sous le couvert de Marques françaises ou d'apparence française de nature à tromper l'acheteur sur l'origine.

Aucun de ces produits ne pourra passer la frontière, si la Marque ou la Mention appliquée, n'est accompagnée du mot « *Importé* » en caractères apparents, ou si le lieu d'ori_ gine n'est clairement indiqué de façon qu'il n'existe aucun doute dans l'esprit de l'acheteur sur le pays de fabrication.

Nous vous proposons d'approuver cette innovation, à la condition expresse que la Mention *Marque de Commerce,* sera inscrite en toutes lettres et en caractères très-distincts, comme conséquence des observations présentées dans nos considérations sur l'article premier du Titre I.

TITRE VII

Pénalités

Le Projet de Loi supprime les peines corporelles qui s'appliquent actuellement aux usurpations de Noms ou de Marques, mais il élève par contre dans une proportion notable l'amende ; son maximum que la loi de 1857 fixe à 3.000 fr. serait d'après la nouvelle loi porté à 10.000 fr.

Nous ne pouvons nous empêcher de faire remarquer que l'usurpation d'un nom ou la contrefaçon d'une Marque, dont la propriété est si bien établie par les articles qui précèdent, doivent être considérés comme un vol, et en vérité ne sont pas autre chose.

Si en raison de l'adoucissement des mœurs et par compensation avec l'augmentation considérable du chiffre de l'amende, on réduisait la durée de la peine corporelle, nous ne ferions aucune objection, mais nous n'admettons pas qu'on puisse la supprimer.

Afin de nous permettre de bien· exprimer notre pensée, supposons un usurpateur de Noms ou contrefacteur de Marques ayant une fortune considérable, la perspective de l'amende *scule* le laissera dans la plus complète indifférence ; celui, qui ne possède absolument rien, envisagera l'amende de la même façon ; la peine corporelle, au contraire, pour l'un comme pour l'autre, leur imposera une crainte salutaire.

TITRE VIII

Juridiction

Sur ce titre, comme sur celui concernant la suppression du dépôt au Tribunal du domicile du déposant, nous sommes complètement en désaccord avec les auteurs du Projet, qui attribuent à la Juridiction civile la connaissance des actions en dommages-intérêts pour réparation du préjudice causé par l'usurpation d'une Marque de Fabrique ou d'une Raison de Commerce.

Pour justifier notre opinion sur ce point, nous ferons remarquer que par une Jurisprudence constante, les Tribunaux de Commerce sont seuls compétents pour connaître des actions résultant des quasi-délits entre négociants et pour faits de leur commerce : des actions en concurrence déloyale, usurpation d'enseignes ; il n'y a donc aucune raison pour leur enlever la connaissance des contrefaçons de Marques.

Le Projet, continuant la Jurisprudence établie par la loi de 1857, maintient de nouveau à la Juridiction civile la connaissance des actions indiquées à la fin du paragraphe ci-dessus. Nous ne saurions approuver cette manière de voir et nous estimons que les Juges consulaires, mieux au courant que les Juges civils de tout ce qui touche aux opérations commerciales et aux difficultés qui naissent journellement entre commerçants, sont bien plus aptes à connaître de toutes les actions intéressant une propriété d'un caractère aussi particulier.

Espérons au contraire que les Pouvoirs Publics, qui, dans toutes les circonstances pareilles, consultent *les Chambres de Commerce, les Chambres Consultatives des Arts-et-Manufactures, les Tribunaux de Commerce*, voudront bien prendre nos avis en considération et auront à cœur de modifier cette dernière partie du Projet concernant la Juridiction en l'attribuant aux Tribunaux consulaires dont la compétence s'impose d'elle-même.

RÉSUMÉ

TITRE Iᵉʳ

Article Premier. — *Distinction à apporter entre les Marques de Fabrique et les Marques de Commerce.*

Approbation de l'innovation apportée, avec la réserve expresse qu'en *toutes circonstances* la mention « *Marque de Commerce* » devra toujours être écrite en toutes lettres et en caractères suffisamment apparents.

TITRE II

Art. 4. — *Suppression du dépôt au Tribunal du domicile du déposant. — Organisation d'un seul dépôt central à Paris.*

Rejet dudit article. Maintenir le dépôt au Tribunal du domicile du déposant.

Art. 5 et 6. — Comme conséquence du rejet de l'art. 4, modifier ces deux articles pour les mettre en harmonie avec le nouveau texte à adopter.

TITRE III

Pas d'observations. Approbation.

TITRE IV

Déclaration préalable du Nom Commercial à faire au Dépôt Central.

Rejet de l'art. 13, et, comme pour l'art. 4, maintien au Tribunal du domicile pour la déclaration à faire relativement au Nom Commercial.

Réglementation du Nom Commercial

Approbation d'ensemble pour les autres articles du présent titre en exprimant toutefois l'avis que, par une nouvelle rédaction, il soit plus clairement défini que la raison de commerce est absolument distincte de la raison sociale d'une société en nom collectif.

TITRES V & VI

Lieu de provenance. — Mesures contre les fraudes permettant de présenter comme français les produits étrangers.

Approbation avec la même réserve que pour le Titre Iᵉʳ, Art. 1ᵉʳ, relative à l'application en toutes lettres de la mention « *Marque de Commerce* » pour tous les produits venant de l'Etranger sur lesquels sera déjà inscrit le mot « *Importé.* »

TITRE VII

Pénalités. — Proposition de suppression des peines corporelles.

Rejet, et, en considération des motifs invoqués, demande de maintien de la peine corporelle en réduisant sa durée.

TITRE VIII

Juridiction

Rejet de la Juridiction civile, demande d'attribution à la Juridiction consulaire de toutes les actions civiles résultant de l'application de la présente Loi.

Le Rapporteur,

Gabriel RUAT.

Après discussion, le présent Rapport est adopté à l'unanimité. Converti en délibération, l'impression en est votée ainsi que l'envoi à M. le Ministre du Commerce et de l'Industrie et à tous les Tribunaux de Commerce français.

Ont signé et approuvé :

MM. Amédée VALABRÈGUE, *président ;* Gabriel RUAT, *juge ;* Gustave NAQUET, Frédéric JOUBERT, Urbain BARRY, Philippe GAUZY, *juges-suppléants.*

Avignon, le 12 Juin 1888.